RELATOS ESTADOUNIDENSES

NUESTRAS TRADICIONES

JUNIO 19

¿QUÉ SÍMBOLOS Y CELEBRACIONES COMPARTEN LOS ESTADOUNIDENSES?

DK Reino Unido:
Coordinación editorial Oriel Square
Una producción de Collaborate Agency para DK
Índice analítico James Helling

Autoría Jennifer Kaul
Edición de la colección Megan DuVarney Forbes
Dirección de publicaciones Nick Hunter
Dirección de publicaciones Sarah Forbes
Coordinación de proyectos editoriales Katherine Neep
Coordinación de producción Isabell Schart
Iconografía Nunhoih Guite
Producción editorial Shanker Prasad

Publicado originalmente en los Estados Unidos
en 2023 por Dorling Kindersley Limited,
DK, One Embassy Gardens, 8 Viaduct Gardens,
Londres, SW11 7BW
Parte de Penguin Random House

Título original: *Our Traditions*
Primera edición 2023
Copyright © 2023 Dorling Kindersley Limited
© Traducción en español 2023 Dorling Kindersley Limited
Servicios editoriales: Flores + Books, Inc.
Traducción: Isabel Mendoza

ISBN: 978-0-7440-8269-2

Impreso en China

Los editores agradecen a las personas siguientes su permiso para reproducir sus fotografías:
(Clave: a: arriba; b: bajo/abajo c: centro; f: extremo; l: izquierda; r: derecha; t: superior)

5 Getty Images / iStock: Jganz (tr). **6 Alamy Stock Photo:** Lana Sundman (cl). **7 Alamy Stock Photo:** Martin Bennett (tl). **8 Getty Images:** Bettmann (cr). **9 National Portrait Gallery, Smithsonian Institution:** gift of the Morris and Gwendolyn Cafritz Foundation (bl). **Shutterstock.com:** FloridaStock (crb). **10 Library of Congress, Washington, D.C.:** LC-DIG-ppmsca-44470/Constitution of the United States, Grant. , 1865. [Philadelphia: Publisher Not Transcribed] Photograph. https://www.loc.gov/item/2018695121/. (br). **11 Dreamstime.com:** Alberto Dubini (cr). **13 Dreamstime.com:** F11photo (t). **Getty Images / iStock:** E+ / dszc (bl). **14 Alamy Stock Photo:** Danita Delimont / Walter Bibikow (clb). **Dreamstime.com:** Petr Svec (b). **15 Library of Congress, Washington, D.C.:** LC-DIG-ppmsca-23759 / Latrobe, Benjamin Henry, 1764-1820, architect (tl). **17 Getty Images:** Bettmann (cla). **18 Getty Images / iStock:** DigitalVision Vectors / clu (bl). **19 Dreamstime.com:** Kalyan V. Srinivas (l). **20 Alamy Stock Photo:** Bob Daemmrich (cl). **21 Alamy Stock Photo:** Mark Reinstein (c). **22 Alamy Stock Photo:** Robert Landau (b). **23 Library of Congress, Washington, D.C.:** LC-DIG-ppmsc-03521 / Flagg, James Montgomery, 1877-1960, artist (bl). **24 Alamy Stock Photo:** Ken Gillespie Photography (br). **25 Getty Images / iStock:** E+ / Miodrag Ignjatovic (br). **27 Getty Images:** Bettmann (br). **28 Dreamstime.com:** Olga Mendenhall (br). **29 Alamy Stock Photo:** IanDagnall Computing (tl); PAINTING (br). **30 Alamy Stock Photo:** Allen Creative / Steve Allen (cr). **31 Dreamstime.com:** Kmiragaya (cr). **32 Alamy Stock Photo:** UPI (cla). **Dreamstime.com:** Vadimrysev (br). **Getty Images / iStock:** Bastiaan Slabbers (bl). **33 Getty Images:** Paul Moseley / Fort Worth Star-Telegram / Tribune News Service (cr). **Library of Congress, Washington, D.C.:** LC-DIG-pga-02797 / Strobridge & Co. Lith. (tl). **34 Alamy Stock Photo:** Planetpix / Richard Ellis (bl). **Getty Images / iStock:** E+ / Toshe_O (br). **Getty Images:** George Rose (crb). **35 Library of Congress, Washington, D.C.:** LC-DIG-ppmsca-59409/Declaration of Independence and its signers. , ca. 1906. [United States:publisher not transcribed] Photograph. https://www.loc.gov/item/2018757145/. (br). **36 Getty Images:** Archive Photos / Stock Montage (br). **Getty Images / iStock:** Photoboyko (bl). **37 Getty Images / iStock:** E+ / AzmanL (br). **38 Alamy Stock Photo:** REUTERS / Pu Ying Huang (b). **40 Alamy Stock Photo:** Glasshouse Images / JT Vintage (b). **41 Alamy Stock Photo:** B Christopher (clb). **Getty Images:** Tetra images / Inti St Clair (tr). **43 Getty Images / iStock:** TD Dolci (cra). **45 Dreamstime.com:** Chon Kit Leong (tr). **47 Alamy Stock Photo:** Bob Daemmrich (cr). **Dreamstime.com:** Alberto Dubini (tr). **Getty Images / iStock:** TD Dolci (br).

Resto de las imágenes © Dorling Kindersley

Ilustración: Karen Saavedra

Para mentes curiosas
www.dkespañol.com

MIXTO
Papel | Apoyando la
selvicultura responsable
FSC™ C018179

Este libro se ha impreso con papel
certificado por el Forest Stewardship
Council™ como parte del compromiso
de DK por un futuro sostenible.
Para más información, visita
www.dk.com/our-green-pledge

CONTENIDO

¿QUÉ ES UN SÍMBOLO?

Imagina que vas por la calle y te encuentras con una señal roja llamativa en forma de octágono. ¿Qué haces? Aunque no veas la palabra en la señal, probablemente sabrás que debes detenerte. La señal de alto es un **símbolo** bien conocido que mantiene a las personas a salvo cuando viajan por la carretera.

UN SÍMBOLO ES ALGO —UNA FIGURA O UNA IMÁGEN— QUE REPRESENTA OTRA COSA.

Hay símbolos en todos lados. Están en las señales de tránsito para indicarle a la gente cómo conducir. Aparecen como íconos en pantallas electrónicas para ayudar a las personas a usar sus dispositivos. Están en los cubos de desperdicios e indican dónde poner la basura y los productos reciclables. Las compañías usan símbolos para ayudar a identificar sus productos. Los símbolos comunican ideas o mensajes sin usar el lenguaje.

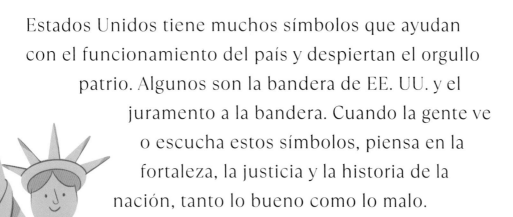

Estados Unidos tiene muchos símbolos que ayudan con el funcionamiento del país y despiertan el orgullo patrio. Algunos son la bandera de EE. UU. y el juramento a la bandera. Cuando la gente ve o escucha estos símbolos, piensa en la fortaleza, la justicia y la historia de la nación, tanto lo bueno como lo malo.

¿QUÉ ES UNA TRADICIÓN?

UNA TRADICIÓN ES UNA CREENCIA O COSTUMBRE QUE SE TRANSMITE DE GENERACIÓN A GENERACIÓN. MUCHOS SÍMBOLOS PERTENECEN A LA TRADICIÓN DE EE. UU. FUERON CREADOS O ELEGIDOS HACE MUCHO Y FORMAN PARTE DE LA VIDA ESTADOUNIDENSE, AUNQUE LAS TRADICIONES TAMBIÉN CAMBIAN CON EL TIEMPO. ESTOS SÍMBOLOS AYUDAN A ENTENDER CÓMO ES EL GOBIERNO Y SE USAN PARA CONMEMORAR EL PAÍS.

LA BANDERA ESTADOUNIDENSE

Cuando los estadounidenses lucharon por su **independencia** de Gran Bretaña, necesitaban una nueva bandera. El 14 de junio de 1777, la Resolución de la Bandera estableció su diseño: "...trece franjas, alternando roja y blanca; que la unión sean trece estrellas, blancas en un campo azul, **representando** una nueva constelación".

LA BANDERA SE CREÓ COMO UN SÍMBOLO DE LIBERTAD.

La bandera original tenía trece estrellas, una por cada una de las colonias originales. Según se agregaban estados a la unión, o al país, se agregaban estrellas a la bandera. La bandera ahora tiene cincuenta estrellas por sus cincuenta estados. Sus trece franjas siguen representando las primeras trece colonias. Nadie sabe con seguridad quién hizo la primera bandera. Sin embargo, se cree que fue diseñada por Francis Hopkinson y Betsy Ross fue la costurera. La bandera de EE. UU. también se conoce como Old Glory (Antigua Gloria).

ROJO, BLANCO Y AZUL

Los colores de la bandera representan valores que son importantes para Estados Unidos:

- el rojo representa la valentía,

- el blanco representa la pureza

- y el azul representa la perseverancia y la justicia.

CÓMO IZAR LA BANDERA DE EE. UU.

Hay muchas normas acerca de cómo mostrar respeto cuando se iza la bandera. Por ejemplo, la bandera se debe izar a media asta, o a la mitad de la altura del palo, cuando la nación está de luto. Una bandera no debe izarse cuando hace mal tiempo, porque se podría dañar; y nunca debería tocar el suelo.

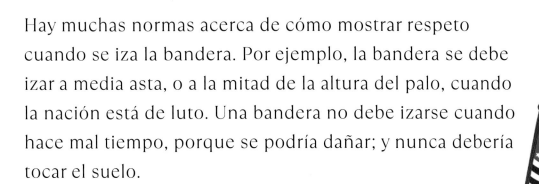

EL ÁGUILA CALVA

El 20 de junio de 1782, el Congreso Continental de los trece estados originales aprobó el diseño del Gran Escudo de EE. UU. El águila calva formaba parte del diseño. El águila ha sido un símbolo de fuerza durante miles de años en todo el mundo.

Se considera que el águila del escudo "se alza en vuelo". Tiene un escudo con estrellas y franjas en el pecho. Sostiene una rama de olivo en la garra derecha y un juego de trece flechas en la garra izquierda. La cabeza del águila siempre mira hacia la derecha, lo que significa que EE. UU. prefiere la paz, pero es capaz de defenderse y está dispuesto a hacerlo.

EL ÁGUILA COMO SÍMBOLO DE EE. UU.

El escudo nacional se utiliza en muchos lugares importantes. Por ejemplo, se usa como un sello en los documentos firmados por el presidente. También lo usan otros funcionarios. Está en los pasaportes y al dorso del billete de un dólar. Por ley, solo puede ser utilizado por el gobierno de EE. UU.

LAS ÁGUILAS CALVAS EN EE. UU.

El águila calva solo se encuentra en Norteamérica, y, a menudo, cerca de ríos y lagos. Se alimenta de peces, pájaros, pequeños mamíferos y reptiles como tortugas y serpientes. La población de águilas ha disminuido desde 1782 debido a la intervención humana. Han sido víctimas de los cazadores. El uso del pesticida DDT dificultaba el desarrollo de las crías dentro de los huevos. En 1972 se prohibió el uso del DDT, y en 1978 se clasificó el águila calva como especie en peligro de extinción. Desde entonces, la población de águilas calvas ha aumentado de menos de 450 parejas anidando a más de 6,000.

BENJAMIN FRANKLIN FUE UNO DE LOS PADRES FUNDADORES QUE PARTICIPÓ EN EL DISEÑO DEL ESCUDO NACIONAL.

LA CONSTITUCIÓN

El 17 de septiembre de 1787 se ratificó la **constitución** de Estados Unidos. Fue escrita por 55 delegados, unos hombres que fueron elegidos para tomar decisiones en nombre de la gente de sus estados. Se propusieron crear un gobierno lo suficientemente sólido como para proteger a su gente de otros países. Al mismo tiempo, no querían un gobierno tan poderoso que pudiera limitar los derechos individuales.

La Constitución es uno de los documentos de gobierno más antiguos del mundo, y es un símbolo de la democracia estadounidense. La Constitución concede a los gobiernos estatales todos los poderes no otorgados directamente al gobierno **federal** Permite hacer **enmiendas**, o cambios, a sus leyes. También incluye la Carta de Derechos. A pesar de los cambios que se puedan hacer, la Constitución es también un símbolo de consistencia. Nuestros derechos siguen intactos bajo la Constitución, sin importar quién sea el presidente.

★ LA CARTA DE DERECHOS ★

La Carta de Derechos enumera los derechos que se le garantizan a todo ciudadano estadounidense. Las primeras cinco de estas diez enmiendas protegen los siguientes derechos:

- Primera Enmienda: protege el derecho a la libertad de expresión y la libertad de culto (o de religión),

- Segunda Enmienda: protege el derecho a poseer y portar armas,

- Tercera Enmienda: le prohíbe al gobierno exigir a las personas que alberguen a soldados,

- Cuarta Enmienda: le prohíbe al gobierno registrar las viviendas sin motivo alguno

- y Quinta Enmienda: protege a las personas acusadas de delitos.

★ LAS RAMAS ★ DEL GOBIERNO

La Constitución creó un gobierno federal con tres ramas de poder. Estas ramas se mantienen controladas entre sí, de manera que ningún grupo o ninguna persona adquiere demasiado poder. Las ramas son:

- la Rama Legislativa: el Congreso,

- la Rama Ejecutiva: el presidente

- y la Rama Judicial: la Corte Suprema.

LA
CAMPANA DE LA LIBERTAD

★ ★

En 1751, Pensilvania compró una enorme campana para colgarla en el Capitolio, ahora conocido como Independence Hall (Salón de la Independencia). Lamentablemente, se agrietó mientras la probaban. Entonces, la derritieron y la volvieron a hacer.

Esta campana, la Campana de la Libertad, se usaba para congregar gente. Les avisaba a los legisladores cuando había reuniones y a los ciudadanos cuando había anuncios. La campana pesa 2,080 libras y tiene una circunferencia en la base de 12 pies. Lleva esta inscripción: "Proclama la libertad en toda la tierra a todos sus habitantes".

LA CAMPANA DE LA LIBERTAD SONÓ EL 8 DE JULIO DE 1776 PARA CELEBRAR LA PRIMERA LECTURA PÚBLICA DE LA DECLARACIÓN DE INDEPENDENCIA.

★ INDEPENDENCE HALL ★

Independence Hall es un lugar importante en la historia estadounidense. Allí se firmó la Declaración de Independencia en 1776 y fue allí también donde los delegados escribieron y firmaron la Constitución de EE. UU. en 1787.

★ LAS GRIETAS DE LA ★ CAMPANA DE LA LIBERTAD

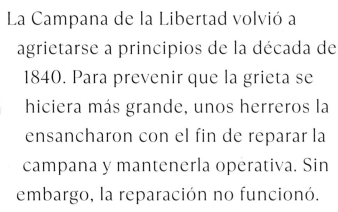

La Campana de la Libertad volvió a agrietarse a principios de la década de 1840. Para prevenir que la grieta se hiciera más grande, unos herreros la ensancharon con el fin de reparar la campana y mantenerla operativa. Sin embargo, la reparación no funcionó. La Campana de la Libertad dejó de sonar para siempre en 1846. Aun así, alrededor de dos millones de personas la visitan cada año.

LA CASA BLANCA

★ ★ ★ ★ ★ ★ ★ ★ ★ ★ ★ ★ ★ ★ ★ ★ ★ ★ ★ ★

En 1791, el gobierno de Estados Unidos convocó un concurso para diseñar la casa donde viviría el presidente. Mientras reyes y reinas en otros países vivían en grandes palacios, los fundadores del país eligieron un edificio más sencillo para la casa y oficina del presidente. Ganó un diseño del arquitecto James Hoban. La construcción comenzó el 13 de octubre de 1792. El edificio se llamó la Mansión Ejecutiva hasta 1901 cuando oficialmente se hizo conocida como la Casa Blanca.

El segundo presidente, John Adams, fue el primero en vivir en la Casa Blanca. Desde entonces, todos los presidentes han vivido allí durante su mandato. Los británicos incendiaron la Casa Blanca durante la Guerra de 1812, pero luego fue reconstruida. Varios presidentes le han hecho cambios.

El **despacho oval**, donde trabaja el presidente, se agregó en 1909.

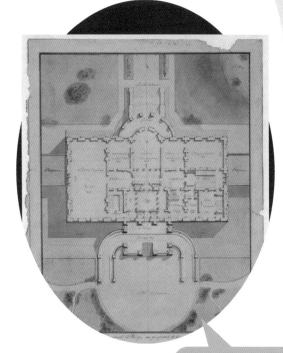

LA CASA BLANCA HOY EN DÍA

La Casa Blanca está ubicada en 1600 Pennsylvania Avenue, NW, en Washington, D. C. Ocupa un terreno de 18 acres, y cuenta con 132 habitaciones distribuidas en seis plantas. Es la casa y el lugar de trabajo del presidente.

DIBUJO DEL DISEÑO ORIGINAL DE LA CASA BLANCA

VISITAR LA CASA BLANCA

La Casa Blanca es la única **residencia** de un líder de un país que está abierta al público, sin costo de entrada alguno. Quienes quieran conocerla pueden registrarse para un recorrido autoguiado. También hay un Centro de Visitantes.

¿SABÍAS QUE...?

HAY REGISTROS QUE INDICAN QUE PERSONAS ESCLAVIZADAS DEL ÁREA DE WASHINGTON, D. C. TRABAJARON EN LA CONSTRUCCIÓN DE LA CASA BLANCA Y OTROS EDIFICIOS IMPORTANTES, COMO EL CAPITOLIO.

EL HIMNO NACIONAL

En la mañana del 14 de septiembre de 1814, Francis Scott Key compuso lo que se convertiría en el **himno nacional** de Estados Unidos. Lo escribió durante la Guerra de 1812, cuando la joven nación luchaba contra Gran Bretaña. Se inspiró en unos soldados estadounidenses que izaron la bandera en un fuerte que bombardeaban los británicos.

"The Star-Spangled Banner" (El Pendón Estrellado) se convirtió en el himno nacional oficial en 1931. "The Star-Spangled Banner" sigue siendo una parte importante de EE. UU. hoy día. La canción expresa sentimientos de orgullo y **patriotismo.** Probablemente son los mismos sentimientos que experimentó Francis Scott Key cuando la escribió hace cientos de años.

Según la NAACP, una organización que lucha contra la desigualdad racial, "Lift Every Voice and Sing" (Levantad cada voz y cantad) a menudo se considera "el himno nacional negro".

THE STAR-SPANGLED BANNER

Esta es la letra del himno nacional de EE. UU. y su traducción oficial en español:

Oh, say can you see,
¡Mirad! ¿Podéis ver

By the dawn's early light
al sutil clarear,

What so proudly we hailed
lo que erguido se alzó

At the twilight's last gleaming,
cuando el sol se ocultaba?

Whose broad stripes and bright stars,
¡Y sus franjas y estrellas

Thru the perilous fight,
en el rudo luchar

O'er the ramparts we watched
sobre recio baluarte

Were so gallantly streaming?
gallardo ondulaba!

And the rockets red glare,
Y la bomba al lanzar

The bombs bursting in air,
su rojiza explosión

Gave proof through the night
en la noche dio a ver

That our flag was still there.
que allí estaba el pendón.

O, say, does that
¿El Pendón Estrellado

Star-Spangled Banner yet wave
tremola feliz

O'er the land of the free
en la tierra del valor,

And the home of the brave?
en libre país?

EL HIMNO EN EVENTOS DEPORTIVOS

El himno se relacionó por primera vez con los deportes durante el primer partido de la Serie Mundial de 1918. Estados Unidos estaba luchando en la Primera Guerra Mundial, y mucha gente había muerto. Cuando la banda de la Marina de Guerra tocó "The Star-Spangled Banner", la gente se volteó hacia la bandera, puso la mano sobre el corazón y cantó. La comenzaron a poner en más y más eventos deportivos hasta que se volvió una práctica común. Algunos atletas han protestado contra el himno. Por ejemplo, el jugador de fútbol americano Colin Kaepernick comenzó a arrodillarse durante la canción en 2016 en protesta por la brutalidad policial contra estadounidenses negros.

LA ESTATUA DE LA
LIBERTAD

★ ★ ★ ★ ★ ★ ★ ★ ★ ★ ★ ★ ★ ★ ★ ★ ★ ★ ★ ★

En 1875, un escultor francés comenzó a trabajar en la Estatua de la Libertad. Frédéric-Auguste Bartholdi y su equipo trabajaron en esta **escultura** hasta 1884. Fue un regalo de Francia a EE. UU. para celebrar su amistad cuando se cumplieron cien años de la fundación del país.

La Estatua de la Libertad es una gran figura de una mujer que sostiene una antorcha y una tablilla con la inscripción "4 de julio de 1776", para simbolizar la independencia de país. Esa es la fecha en que se firmó la Declaración de Independencia. Hay una corona que simboliza el sol en la cabeza de la estatua. El grillete roto y las cadenas a sus pies representan la abolición de la esclavitud, que acababa de aprobarse.

DENTRO DE LA ESTATUA DE LA LIBERTAD, DURANTE SU CONSTRUCCIÓN

★ CONSTRUCCIÓN ★ DE LA ESTATUA

La Estatua de la Libertad se tuvo que desarmar para ser enviada desde Francia a EE. UU. Llegó a Nueva York en 1885, donde ha permanecido desde entonces, en la isla Liberty. La estructura de acero fue diseñada por Gustave Eiffel, el mismo ingeniero de la Torre Eiffel de Francia. Está cubierta de 31 toneladas de láminas de cobre. La Estatua de la Libertad originalmente era de color cobrizo. Su coloración verdosa actual se debe a que ha estado expuesta a la intemperie por mucho tiempo.

★ LA ISLA ELLIS ★

LA ISLA ELLIS ESTÁ SITUADA ENTRE NUEVA YORK Y NUEVA JERSEY. POR ALLÍ INGRESARON A EE. UU. EN BARCO MÁS DE 12 MILLONES DE INMIGRANTES. LA ISLA ELLIS ACOGIÓ A INMIGRANTES DESDE 1892 HASTA 1954.

LA ESTATUA DE LA LIBERTAD, SIN EL PEDESTAL, MIDE MÁS DE 151 PIES Y PESA 225 TONELADAS.

La Estatua de la Libertad servía de señal para los inmigrantes de que finalmente habían llegado a EE. UU. después de una larga travesía. En la estatua hay una placa que dice:

"Dadme vuestros seres pobres y cansados. Dadme esas masas ansiosas de ser libres, los tristes desechos de costas populosas. Que vengan los desamparados que las tempestades batan. ¡Mi antorcha alumbra un umbral dorado!".

EL JURAMENTO A LA
BANDERA

★ ★ ★ ★ ★ ★ ★ ★ ★ ★ ★ ★ ★ ★ ★ ★ ★ ★ ★ ★

El 8 de septiembre de 1892 se publicó el **juramento** por primera vez. Fue escrito por Francis Bellamy para una revista juvenil. La intención era celebrar el cuarto centenario de la llegada de Cristóbal Colón a las Américas.

El juramento a la bandera es una oportunidad para que las personas muestren su patriotismo. Se convirtió en el juramento oficial en 1942. En aquel entonces, la gente empezó a recitar el juramento con la mano derecha sobre el corazón. Antes, se recitaba con la mano derecha extendida hacia la bandera. Sin embargo, el gesto era similar al saludo de los nazis en Alemania. La redacción del juramento ha cambiado ligeramente con el tiempo. El juramento a menudo se pronuncia al comienzo del día en las escuelas públicas. También se recita en el Congreso al comienzo de cada día que están en sesión.

VERSIONES ANTERIORES DEL JURAMENTO

La primera versión decía "Juro lealtad a mi bandera y la república que representa; una nación indivisible, con libertad y justicia para todos". En 1924, las palabras "mi bandera" fueron reemplazadas por "la bandera de Estados Unidos de América". En 1954, el presidente Eisenhower añadió la frase "bajo la guía de Dios".

Esta es la traducción de la versión actual del juramento a la bandera:

"Juro lealtad a la bandera de Estados Unidos de América y a la república que representa, una nación bajo la guía de Dios, indivisible, con libertad y justicia para todos".

NUESTROS SÍMBOLOS ESTADOUNIDENSES

★ ★ ★ ★ ★ ★ ★ ★ ★ ★ ★ ★ ★ ★ ★ ★ ★ ★

Hay muchos símbolos oficiales de EE. UU., pero ¿qué significa Estados Unidos para ti? Muchas comunidades, familias e individuos tienen sus propios símbolos especiales que representan a nuestro país, y pueden incluir ciertas canciones, comidas, deportes y más.

La tarta de manzana, el pollo frito y la barbacoa suelen considerarse comidas estadounidenses. El jazz es uno de los muchos tipos de música que comenzaron en EE. UU. Deportes como el béisbol y el fútbol americano también son símbolos de Estados Unidos para muchas personas.

"AMÉRICA LA HERMOSA"

"America the Beautiful" (América la hermosa) es una canción simbólica de Estados Unidos. Fue escrita por la poetisa y escritora Katharine Lee Bates mientras visitaba las montañas Rocosas, en Colorado. La canción a menudo se canta antes de los eventos deportivos. La letra dice así:

O beautiful for spacious skies,
¡Oh, hermosa, por tus cielos amplios,

For amber waves of grain,
por tus olas de granos ambarinos,

For purple mountain majesties
por tus majestuosas montañas violetas

Above the fruited plain!
sobre la llanura que da frutos!

America! America!
¡América! ¡América!

God shed His grace on thee
¡Dios derramó su gracia sobre ti

And crown thy good with brotherhood
y coronó tu bien con hermandad,

From sea to shining sea!
del mar al mar brillante!

SÍMBOLOS DE LA PUBLICIDAD

Hasta algunos anuncios publicitarios del gobierno se han convertido en símbolos. Por ejemplo:

- El tío Sam, un hombre que anima a la gente a alistarse en el ejército

- Rosie, la remachadora, una mujer que simboliza el feminismo

- Smokey, un oso que anima a la gente a tomar medidas para prevenir los incendios forestales.

¿QUÉ ES UNA CELEBRACIÓN?

Lanzar un birrete al aire. Soplar velas en tu cumpleaños. Ver fuegos artificiales estallar en el cielo. Estas imágenes podrían hacerte pensar en momentos especiales con familiares y amigos.

Una **celebración** es una ocasión especial. Puede ser un cumpleaños, un día feriado u otro evento que sea especial en tu vida o en la vida de alguien importante para ti. Estos eventos a menudo se celebran con gente querida. Pueden incluir comidas, obsequios o actividades especiales. Podrían ocurrir una vez al año o una vez en la vida.

CELEBRACIONES CULTURALES Y RELIGIOSAS

Hay muchas celebraciones en todo el país y en todo el mundo. Cada cultura y religión tienen sus propias celebraciones. Podrían celebrarse en comunidad o con los parientes. Muchas de estas celebraciones están marcadas en los calendarios. La gente que se muda a EE. UU. trae sus propias celebraciones y **tradiciones**.

CELEBRACIONES ESTADOUNIDENSES

Hay ciertos días que el gobierno considera feriados. Son días que son importantes para la historia del país, y ayudan a los estadounidenses a recordar el pasado y pensar en el futuro. Muchos negocios cierran en estos días para que la gente pueda pasar tiempo con la familia. Algunas personas hacen algo especial para conmemorar estos días.

EL DÍA DE MARTIN LUTHER KING, JR.

★ ★ ★ ★ ★ ★ ★ ★ ★ ★ ★ ★ ★ ★ ★ ★ ★ ★ ★

En 1983, el Día de Martin Luther King, Jr. se convirtió en un día feriado oficial, y el país lo celebró por primera vez en 1986. Se celebra el tercer lunes de cada enero. Este día, los estadounidenses recuerdan a Martin Luther King, Jr., quien lideró la campaña por los derechos civiles de los afroamericanos en la década de 1960.

En 1970, mucha gente ya celebraba el Día de Martin Luther King, Jr. Las primeras celebraciones tenían lugar el 15 de enero, el día en que nació Martin Luther King, Jr. La gente a menudo conmemora el día asistiendo o participando en marchas o desfiles.

LIBERTAD

MARTIN LUTHER KING, JR.

Martin Luther King, Jr. logró muchas mejoras para el país. Empleó las **manifestaciones** pacíficas para poner fin a la segregación racial en EE.UU. Ayudó a aprobar la Ley de los Derechos Civiles de 1964, que penalizó la discriminación, o trato injusto a las personas, debido a su raza. También ayudó a aprobar la Ley del Derecho al Voto de 1965. Martin Luther King, Jr. ganó el Premio Nobel de la Paz en 1964. Lamentablemente, a algunos no les gustaban los cambios positivos que promulgaba. Lo **asesinaron** el 4 de abril de 1968.

★ "SUEÑO QUE UN DÍA" ★

"Sueño que un día" es uno de los discursos más famosos de Martin Luther King, Jr. En este discurso, habló sobre su anhelo de que sus hijos "vivan un día en una nación donde no serán juzgados por el color de su piel sino por el contenido de su carácter". Martin Luther King, Jr. pronunció este discurso en Washington, D. C. durante un mitin político. Al evento asistieron entre 200,000 y 300,000 personas.

EL DÍA DE LOS PRESIDENTES

★ ★ ★ ★ ★ ★ ★ ★ ★ ★ ★ ★ ★ ★ ★ ★ ★ ★ ★

Desde la década de 1880 se celebra el nacimiento de George Washington. Hasta 1968, se celebraba el 22 de febrero. En esa época, se cambió la fecha para que se pudiera celebrar el nacimiento de Abraham Lincoln al mismo tiempo. Luego, este día feriado se trasladó al tercer lunes de cada febrero.

Algunas personas conmemoran a todos los presidentes el Día de los Presidentes. A menudo, en Washington, D. C. se llevan a cabo **ceremonias** para honrar el Día de los Presidentes. También se realizan en otros lugares del país.

EN EL MONUMENTO NACIONAL DEL MONTE RUSHMORE SE REPRESENTA A LOS PRESIDENTES GEORGE WASHINGTON, THOMAS JEFFERSON, THEODORE ROOSEVELT Y ABRAHAM LINCOLN.

★ GEORGE ★ WASHINGTON

George Washington fue el primer presidente de EE. UU., y fue parte de la historia de la nación incluso desde antes de ser presidente. George Washington fue un comandante durante la Guerra de Independencia. También ayudó a escribir la constitución que estableció el gobierno. Por todo esto, a veces se lo llama el "Padre de la Patria".

★ ABRAHAM LINCOLN

Abraham Lincoln fue el decimosexto presidente de Estados Unidos. Se le reconoce por liderar el país durante la Guerra Civil. Durante su presidencia, dijo: "...que esta nación, bajo la guía de Dios, vea renacer la libertad, y que el gobierno del pueblo, por el pueblo y para el pueblo no desaparezca de la faz de la Tierra". Lincoln emitió la Proclama de Emancipación el 1 de enero de 1863, liberando así a todos los esclavos retenidos en los estados Confederados. Abraham Lincoln fue asesinado el 14 de abril de 1865.

EL DÍA DE LOS CAÍDOS

★ ★ ★ ★ ★ ★ ★ ★ ★ ★ ★ ★ ★ ★ ★ ★ ★ ★ ★

El último lunes de cada mes de mayo se conoce como el Día de los Caídos, que comenzó durante la Guerra Civil. En 1864, tres mujeres condecoraron las tumbas de sus seres queridos que habían perdido en la Guerra Civil. En 1865, esclavos libertos y misioneros honraron a un grupo de más de doscientos soldados de la Unión fallecidos. A medida que esta costumbre se fue haciendo más común surgió el día feriado, que en ese tiempo se conocía como el Día de la Decoración. La gente pasaba el día junto a las tumbas de los seres queridos que murieron en la guerra, y allí colocaba flores.

LOS SOBREVUELOS MILITARES HONRAN A AQUELLOS QUE HAN MUERTO LUCHANDO POR LA PATRIA.

Después de la Primera Guerra Mundial, el Día de los Caídos se convirtió en el día en que se honra a todo soldado de EE. UU. que murió luchando por su país. Es un dia para recordar los sacrificios que hicieron, y para dar gracias por nuestra libertad. La gente conmemora el día con servicios religiosos. También se ponen banderas y flores en las tumbas de los veteranos de guerra, y se hace un minuto de silencio en todo el país a las tres de la tarde.

EL CEMENTERIO NACIONAL DE ⋆ ARLINGTON ⋆

El Cementerio Nacional de Arlington forma parte de las tradiciones del Día de los Caídos. Es un cementerio militar nacional ubicado en Arlington, Virginia, donde están enterrados cerca de 16,000 soldados de la Guerra Civil. También allí está la Tumba del Soldado Desconocido, un **monumento** que representa a todos los soldados de EE. UU. que murieron en la guerra y no pudieron ser identificados. El Día de los Caídos, se coloca una corona en este monumento.

RAMAS DE LAS FUERZAS ARMADAS DE EE. UU.

EN LAS FUERZAS ARMADAS DE EE. UU. HAY VARIAS RAMAS, ENTRE LAS QUE SE INCLUYEN:

- EL EJÉRCITO
- EL CUERPO DE MARINES
- LA MARINA DE GUERRA
- LA FUERZA AÉREA
- LA FUERZA ESPACIAL
- LA GUARDIA COSTERA
- LA GUARDIA NACIONAL.

A VECES SE LLEVA UNA AMAPOLA ROJA COMO UN SÍMBOLO DEL DÍA DE LOS CAÍDOS.

JUNETEENTH

El 17 de junio de 2021, el presidente Joe Biden aprobó la ley que convirtió Juneteenth en un día feriado federal. Sin embargo, este ha sido un día feriado estatal en Texas desde 1980, y se ha celebrado desde mucho antes. Juneteenth es una celebración de la cultura negra estadounidense y del fin de la esclavitud.

Se celebra el 19 de junio, pues fue ese día, en 1865, cuando los afroamericanos de Texas se enteraron de que la Proclama de Emancipación había puesto fin a la esclavitud en partes de EE. UU.

Juneteenth tiene muchos otros nombres. Hay quienes lo llaman el Día de la Emancipación, el Día de la Libertad o el Día del Jubileo. Al principio se celebraba con oraciones, música y comida típica del Sur. Ahora la gente celebra Juneteenth con festivales, reuniones familiares y servicios religiosos.

LA PROCLAMA DE EMANCIPACIÓN

El presidente Abraham Lincoln pronunció la Proclama de Emancipación el 1 de enero de 1863. Sin embargo, no fue sino hasta dos años más tarde, luego de ganar la guerra, que las tropas de la Unión llegaron a Texas para asegurarse de que todas las personas esclavizadas habían sido liberadas.

★ OPAL LEE ★

Opal Lee es considerada la "abuela de Juneteenth". En septiembre de 2016, a la edad de 89 años, comenzó a caminar desde su casa en Fort Worth, Texas, a Washington, D. C. Llegó a la capital del país en enero de 2017. A partir de entonces, ha realizado una campaña de caminatas de dos millas y media, que representan los dos años y medio que les tomó a las personas esclavizadas saber que se había emitido la Proclama de Emancipación que los liberó. En 2020, Opal Lee hizo una petición para convertir Juneteenth en un día feriado nacional. Más de un millón de personas la firmaron. Opal Lee ha sido nominada para el Premio Nobel de la Paz, y continúa su labor hasta el día de hoy.

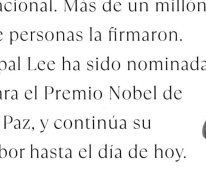

EL DÍA DE LA INDEPENDENCIA

★ ★

El 4 de julio de 1776, se aprobó la Declaración de Independencia. Los colonos estadounidenses sentían que el gobierno británico los trataba injustamente. No sentían que tenían los derechos que se merecían. La Declaración de Independencia decía que Estados Unidos se estaba liberando del dominio británico para convertirse en un nuevo país.

Las primeras celebraciones del Día de la Independencia incluyeron fogatas, desfiles y el disparo de cañones. El Día de la Independencia se convirtió en día feriado federal en 1870. Hoy, los estadounidenses celebran el Día de la Independencia reunidos con familiares y amigos. Van a desfiles y hacen barbacoas o pícnics. Muchos van a ver fuegos artificiales por la noche.

FUEGOS ARTIFICIALES

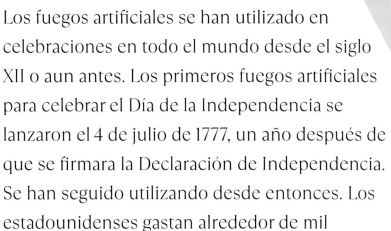

Los fuegos artificiales se han utilizado en celebraciones en todo el mundo desde el siglo XII o aun antes. Los primeros fuegos artificiales para celebrar el Día de la Independencia se lanzaron el 4 de julio de 1777, un año después de que se firmara la Declaración de Independencia. Se han seguido utilizando desde entonces. Los estadounidenses gastan alrededor de mil millones de dólares en fuegos artificiales cada 4 de julio.

LA DECLARACIÓN DE ★ INDEPENDENCIA ★

La Declaración de Independencia fue escrita por Thomas Jefferson con la ayuda de John Adams, Benjamin Franklin, Roger Sherman y Robert Livingston. El Congreso Continental votó a su favor el 2 de julio de 1776, y la declaración se aprobó dos días después. John Adams le escribió a su esposa que la Declaración de Independencia sería "celebrada por las generaciones sucesivas como una gran fiesta de aniversario".

EL DÍA DEL TRABAJO

En 1882, un líder sindical llamado Peter J. McGuire sugirió que se hiciera algo para honrar a los trabajadores estadounidenses. Ese 5 de septiembre, se hizo un desfile patrocinado por los Caballeros del Trabajo, la primera organización **laboral** nacional de EE. UU. Diez mil trabajadores se tomaron tiempo no remunerado del trabajo para marchar en el desfile. La organización entonces decidió que el primer lunes de cada septiembre se celebraría el Día del Trabajo.

El Día del Trabajo todavía se celebra el primer lunes de cada septiembre. Oregón fue el primer estado en reconocer formalmente este día feriado, en 1887, y poco después, más estados siguieron su ejemplo. El Día del Trabajo se convirtió en día feriado federal el 28 de junio de 1894. Hoy en día, la gente lo celebra descansando y disfrutando con familiares y amigos.

EL PRESIDENTE GROVER CLEVELAND ESTABLECIÓ EL DÍA DEL TRABAJO.

LOS SINDICATOS

Los sindicatos son organizaciones destinadas a proteger los derechos laborales. Estas organizaciones trabajan con los empleadores para mejorar los derechos y beneficios de los trabajadores. Durante el siglo XIX y comienzos del siglo XX, casi no existían leyes laborales. La gente trabajaba en condiciones inseguras durante muchas horas y ganaba muy poco dinero. Hasta los niños trabajaban duro, y les quedaba poco tiempo para ir a la escuela. Las condiciones laborales en EE. UU. mejoraron con el tiempo. Ahora, solo alrededor del diez por ciento de la fuerza laboral pertenece a un sindicato.

LOS DÍAS FERIADOS EN LUNES

La Ley de Uniformidad de los Días Feriados, que se aprobó el 28 de junio de 1968, estipuló que el Día de los Presidentes, el Día de los Caídos y el Día de los Veteranos siempre se celebrarían los lunes. De esta forma, la gente podría disfrutar de fines de semana largos con familiares y amigos. Esta ley también convirtió el Día de la Raza en un día feriado federal.

EL DÍA DE LOS PUEBLOS INDÍGENAS

El Día de los Pueblos Indígenas es un día destinado a celebrar la historia de la cultura indígena, así como todas las contribuciones que los pueblos **indígenas** han hecho a EE. UU. Muchos activistas lucharon por años para hacer realidad este día feriado.

El 8 de octubre de 2021, el presidente Joe Biden emitió una proclama que estableció el 11 de octubre de 2021 como el Día de los Pueblos Indígenas. El presidente Biden escribió: "En el Día de los Pueblos Indígenas, honramos a los primeros habitantes de EE. UU. y las naciones tribales que continúan prosperando hoy". El Día de los Pueblos Indígenas se celebraba antes en diferentes ciudades y estados, pero esta fue la primera vez que fue reconocido a nivel federal.

PUEBLOS INDÍGENAS

Hay más de 500 naciones tribales en EE. UU. Son naciones de indígenas estadounidenses y de Alaska cuyo origen está ligado a los primeros habitantes del continente. Casi la mitad de estas naciones está ubicada en Alaska. Cada nación se gobierna a sí misma para proteger su cultura.

EL DÍA DE LA RAZA

El Día de la Raza (antes se llamaba el Día de Colón o el Día del Descubrimiento de América) ha sido un día feriado federal desde 1937, y cae el mismo día que el Día de los Pueblos Indígenas. Comenzó en honor a Cristóbal Colón, un explorador a quien se le attibuye el descubrimiento de las Américas. Sin embargo, muchos pueblos indígenas ya vivían en las Américas cuando Colón llegó. Los indígenas sufrieron como resultado del viaje de Colón y de los muchos europeos que vinieron después de él. A las naciones indígenas les quitaron las tierras y las obligaron cambiar su cultura. Muchos indígenas murieron de enfermedades europeas o fueron asesinados. Mucha gente creía que la celebración del Día de Colón desconocía el sufrimiento que la colonización de las Américas causó a las naciones indígenas.

EL DÍA DE LOS VETERANOS

En 1919, la gente celebró el primer aniversario del final de la Primera Guerra Mundial. Lo llamaron el Día del Armisticio. Se volvió a celebrar en 1921 con el entierro de un soldado desconocido en el Cementerio Nacional de Arlington. El Día del Armisticio se convirtió en un día feriado nacional en 1938, y en 1954 se le cambió el nombre a Día de los Veteranos.

Se celebra el 11 de noviembre. Es un día destinado a honrar a los soldados estadounidenses que han prestado servicio en guerras. La gente honra a estos soldados y agradece sus servicios. Se realizan ceremonias en la Tumba del Soldado Desconocido. La gente da las gracias a los **veteranos** que conoce. También hay desfiles y ceremonias de naturalización donde veteranos y sus familias se convierten en ciudadanos estadounidenses.

SOLDADOS ESTADOUNIDENSES EN LA PRIMERA GUERRA MUNDIAL

CAMBIOS EN EL DÍA DE LOS VETERANOS

Un armisticio es cuando el conflicto se detiene debido a un acuerdo entre los países en guerra. Los combates de la Primera Guerra Mundial terminaron el 11 de noviembre de 1918, y este fue el evento que se celebró por primera vez el Día del Armisticio. Sin embargo, hubo otras guerras después de la Primera Guerra Mundial. El Día del Armisticio se convirtió en el Día de los Veteranos para honrar a las personas que han luchado en todas las guerras de EE. UU., no solo en la Primera Guerra Mundial.

SEMEJANZAS Y DIFERENCIAS CON EL DÍA DE LOS CAÍDOS

Hay muchas semejanzas y diferencias entre el Día de los Veteranos y el Día de los Caídos. Ambos días honran y conmemoran a quienes han luchado por nuestro país. En ambos días hay que estar agradecidos por nuestra libertad y protección. Sin embargo, el Día de los Caídos está destinado a honrar a los soldados que han muerto en guerras. El Día de los Veteranos honra a todos los soldados estadounidenses, incluidos los que aún viven. Los soldados sacrifican muchas cosas, incluido el tiempo con sus seres queridos, para salvaguardar a la nación y nuestra forma de vida.

En 1621, un grupo de colonos ingleses, llamados los peregrinos, y los wampanoags, una tribu de indígenas, hicieron un banquete en Plymouth, Massachusetts. Había venado, maíz, mariscos y más. Además de comer juntos, se cuenta que jugaron, cantaron y bailaron.

El Día de Acción de Gracias se celebra el cuarto jueves de cada mes de noviembre para conmemorar este evento. Se convirtió en día feriado nacional en 1863, durante la Guerra Civil. Sarah Josepha Hale, autora de la canción "Mary Had a Little Lamb" (María tenía un corderito), hizo que esto fuera posible. La gente a menudo celebra el Día de Acción de Gracias con sus familiares y amigos, disfrutando juntos de una gran comida. Los alimentos tradicionales incluyen pavo, puré de papas y tarta de calabaza. El Día de Acción de Gracias es una oportunidad para reflexionar sobre la gente y las cosas por las que se siente gratitud. Mucha gente tambien ayuda a otros donando alimentos.

DESFILES DEL DÍA DE ACCIÓN DE GRACIAS

Los desfiles han sido una tradición del Día de Acción de Gracias desde principios del siglo XX. El desfile más grande es el de la tienda por departamentos Macy's, que ha sido una tradición desde 1927. Se realiza cada año en la Ciudad de Nueva York. El desfile del Día de Acción de Gracias de Macy's se caracteriza por sus carrozas, grandes globos flotantes y entretenimiento, como bandas de marcha y cantantes.

★ LOS WAMPANOAGS ★

Los wampanoags vivían en áreas de lo que ahora es Rhode Island y Massachusetts. Su nombre significa "pueblo de la primera luz". Los wampanoags ayudaban a los colonos ingleses, o peregrinos, que se asentaron cerca de su tribu, con la esperanza de evitar conflictos. Muchos murieron a causa de las enfermedades que trajeron los peregrinos. Con el tiempo, a los wampanoags les quitaron gran parte de sus tierras, y también perdieron su estilo de vida. En lugar de celebrar el Día de Acción de Gracias, algunos wampanoags tienen un "Día de Luto Nacional" para honrar a todas las personas que perdieron como consecuencia de la colonización.

SÍMBOLOS Y CELEBRACIONES
DEL FUTURO

★ ★ ★ ★ ★ ★ ★ ★ ★ ★ ★ ★ ★ ★ ★ ★ ★ ★ ★

Hay muchos días feriados estatales y nacionales en EE. UU. Muchas comunidades tienen sus propios días especiales en los que celebran su historia y cultura con comidas especiales, música, actividades y más.

¿Qué celebraciones son particularmente especiales para ti y tu familia? ¿Qué significan estas celebraciones para ti? ¿Cuáles son algunas de tus tradiciones, canciones y comidas favoritas relacionadas con estas celebraciones? Al reflexionar sobre las celebraciones en tu vida y en la historia de EE. UU. puedes aprender más sobre ti mismo y tu país.

★ OTRAS CELEBRACIONES ★ ESTADOUNIDENSES IMPORTANTES

Hay muchas celebraciones importantes en Estados Unidos además de los días feriados federales:

- El Día de San Valentín: un día en que las personas demuestran su amor por sus amigos y familiares

- Ramadán: un mes sagrado de ayuno para los musulmanes

- Pascua: una celebración religiosa cristiana

- Cinco de Mayo: un día en que se celebra una batalla en la que México salió victorioso, en 1862

- Halloween: una fiesta en que la gente se disfraza y sale a recolectar caramelos

- Diwali/Deepavali: un festival religioso importante en el hinduismo, el jainismo y el sijismo

- Hanukkah: un festival religioso judío, a menudo llamado el Festival de las Luces, que dura ocho días

- Navidad: una fiesta cristiana que mucha gente celebra dando regalos

- Kwanzaa: una fiesta relacionada con los valores familiares y sociales que celebran los afroamericanos.

CELEBRACIONES EN OTROS PAÍSES

Muchos de los días feriados nacionales de Estados Unidos también se celebran en otros países. Por ejemplo, el Día de Acción de Gracias se celebra en Canadá el segundo lunes de octubre. Gran Bretaña, Canadá, Australia y Francia también honran a sus veteranos el 11 de noviembre, el mismo día que en EE. UU. En todo el mundo se celebra el Día de Año Nuevo, otro día feriado federal de EE. UU. Muchos países lo celebran el 1 de enero, como en EE.UU. Otros lo celebran en diferentes fechas, como China, donde hay grandes celebraciones de Año Nuevo en los días cercanos a la segunda luna nueva después del solsticio de invierno.

GLOSARIO

asesinar
matar a una persona a causa de una diferencia de creencias

celebración
un evento u ocasión especial

ceremonia
una serie de acciones realizadas con un propósito especial

colonia
lugar que es gobernado por otro país

constitución
un escrito que expone las leyes de un país

derecho
la libertad o el poder para hacer algo

derechos civiles
derechos a un trato y protección igualitarios, según la ley, como en el derecho al voto

ejecutivo
se refiere a la rama del gobierno que lleva a cabo y hace cumplir las leyes

emancipación
obtener libertad política o derechos

enmienda
un cambio a una ley

escultura
una representación tridimensional y sólida de algo

federal
nacional, de todo el país

himno nacional
una pieza musical que es un símbolo de un país y se toca en eventos importantes

independencia
capacidad de tener el control de uno mismo

indígenas
los primeros habitantes de un área en particular

inmigrante
una persona que llega a otro país a vivir

judicial
se refiere al sistema de cortes o tribunales de un gobierno

juramento
una promesa o un acuerdo

laboral
relacionado con el trabajo que se hace para ganar dinero

legislativo
se refiere a la rama de un gobierno que crea las leyes

monumento
una estructura de piedra creada en honor a una persona o un evento

patriotismo
el orgullo que se siente por el propio país

protestar
manifestarse o mostrar desacuerdo

publicidad
información que aparece en los medios de comunicación y tiene como objetivo persuadir a la gente a comprar algo o votar por un candidato

representar
simbolizar

residencia
el lugar donde se vive

segregación
la separación de personas basada en la raza u otra característica

símbolo
algo que representa otra cosa

tradición
una acción o creencia transmitida de generación en generación

veterano
persona que prestó servicio en las fuerzas armadas

ÍNDICE